Inhalt

Erdgas und Ölpreis - Zwei wie Pech und Schwefel

Kernthesen

Beitrag

Fallbeispiele

Zahlen und Fakten

Weiterführende Literatur

Impressum

Erdgas und Ölpreis - Zwei wie Pech und Schwefel

Autor GENIOS BranchenWissen: A.Schneider

Kernthesen

- Seit den 60er Jahren sind die Erdgaspreise an die Ölpreise gekoppelt.
- Viele Gasversorger haben für den Herbst und den Jahreswechsel neue deutliche Preissteigerungen angekündigt, aber das Bundeskartellamt interveniert und Verbraucher wehren sich mit Sammelklagen.
- Deutschland muss den größten Teil seines steigenden Erdgasbedarfs importieren.
- Schröder und Putin haben Verträge zum Bau der neuen Ostsee-Pipeline unterzeichnet.

- Erdgasheizungen und Erdgasautos liegen im Trend, Flüssigerdgas lässt auf sich warten.

Beitrag

Nach den Ölpreisen explodieren nun erwartungsgemäß - auch die Erdgaspreise. Die Gasunternehmen kündigen weitere deutliche Preissteigerungen an. Kritik hagelt es von allen Seiten: Das Volk murrt und initiiert Sammelklagen. Das Kartellamt murrt und droht mit gerichtlichen Schritten.

Die Öl-Gas-Preisbindung hat Tradition, aber keine gesetzliche Basis

Erdgas als Energielieferant wurde in den sechziger Jahren entdeckt. Seither gilt zwischen den Gasförderern und deren Abnehmern ein ungeschriebenes Gesetz: die Preise für Erdgas folgen den Preisen für Erdöl. Durch diese Preisbindung sollten einst die zur Erschließung der neuen Energiequelle erforderlichen Milliardeninvestitionen finanziell abgesichert werden. Eine gesetzliche Basis für den Mechanismus gibt es nicht.

Die Erdgaskunden dürfen deshalb bei Ölpreissteigerungen schon mal anfangen zu sparen. So ungefähr ein halbes Jahr haben sie Zeit, dann werden sie für ihr Ergas stärker zur Kasse gebeten werden. Seit Mai 2003 klettern die Erdgaspreise stetig nach oben und befinden sich inzwischen auf einem Rekordhoch. Und es geht weiter: Viele Gasversorger haben erneut heftige Preisschübe für Oktober und Januar angekündigt. Bis zu 25% sollen die Gaspreise angehoben werden. Doch der Widerstand formiert sich.

Sammelklagen sollen die Erdgaspreisentwicklung stoppen

Der Bund der Energieverbraucher zählt inzwischen 680 000 Gaskunden, die ihre Gasrechnung nicht mehr bezahlen wollen. Im derzeit laufenden Zivilprozess von 54 Gasverbrauchern gegen Eon Hanse hat die Sammelklage bereits einen ersten Erfolg verbucht: Eon Hanse soll seine Kalkulation offen legen. Rund 700 000 Berliner Gaskunden protestieren gegen eine Preiserhöhung von 11,8% ab dem 1. Oktober und streben eine Sammelklage gegen die Gasag an.

Bundeskartellamt pocht auf kürzere Vertragslaufzeiten

Das Bundeskartellamt hat die Gasversorger aufgefordert, ihre Lieferverträge mit den Stadtwerken künftig kürzer zu gestalten. Die Verträge sollen nicht länger als vier Jahre laufen dürfen, wenn das Stadtwerk mit der vertraglich vereinbarten Liefermenge 50 bis 80% seines Gesamtbedarfs deckt. Ist das Stadtwerk sogar zu mehr als 80% von dem Versorger abhängig, darf der Vertrag nicht länger als zwei Jahre laufen. Die Wettbewerbshüter erhoffen sich dadurch langfristig mehr Wettbewerb und sinkende Preise. (1), (2), (3)
Die Versorger sehen das naturgemäß ganz anders, halten das Bundeskartellamt für radikal und drohen mit gerichtlichen Schritten. Sie halten den bestehenden Wettbewerb für funktionierend und warnen sogar vor einer Art "Gas-Opec" und steigenden Preisen. (4)

Deutschland: Steigender Erdgasverbrauch...

Wie auch immer diese Konflikte gelöst werden,

Tatsache ist, dass Erdgas in der Energieversorgung Deutschlands eine immer wichtigere Rolle spielt. Prognosen zufolge wird der Gasverbrauch in Deutschland von derzeit 87 Milliarden bis 2030 auf 102 Milliarden Kubikmeter pro Jahr ansteigen. Nach Angaben des Hamburgischen Welt-Wirtschafts-Instituts (HWWI) steigt die Nachfrage nach Erdgas mit 2,4% pro Jahr. Damit rangiert Erdgas vor Öl und Kohle (1,7%) und hinter den alternativen Energien (3,3%).

Drei von vier neu gebauten Wohnungen werden heute mit Erdgas beheizt; immer mehr Eigentümer rüsten ihre bestehenden Wohnungen vom Heizöl auf den (noch?) günstigeren Energielieferanten Erdgas um.
Dass der Deutsche seinen wiederkehrenden Ölpreisgroll an der Tankstelle überwinden und sein geliebtes Auto mit Erdgas betanken könnte, ist längst kein Geheimnis mehr. Er träfe dabei auf immer mehr Gleichgesinnte: auf Deutschlands Strassen sind inzwischen rund 31 000 Erdgasautos unterwegs, wie der Trägerkreis Erdgasfahrzeuge, eine Gemeinschaftsaktion der Gas-, Öl- und Autoindustrie, jetzt auf der Internationalen Automobilausstellung (IAA) in Frankfurt mitteilte. Doch auch seinen Herd und wenngleich weniger bekannt - Grill, Kachelofen, Kamin, Terrassenstrahler, Sauna, Steckdose und Wäschetrockner könnte der

Bürger mit Erdgas betreiben. (5)

...und hohe Importabhängigkeit

Ähnlich wie beim Öl ist Deutschland auch beim Ergas weitgehend abhängig von anderen. Unsere eigenen Vorkommen an Gas sind nicht der Rede Wert. Nur 16% stammen aus dem Inland. Alles andere, also 84%, muss importiert werden. (1)
Das meiste, nämlich 35%, kommt aus Russland. Schon seit dem Erdgas-Röhren-Vertrag von 1970 bezieht Deutschland Erdgas aus Russland. Der russische Marktführer Gazprom versorgt uns mit einem Drittel unseres Gasbedarfs und liefert rund 32 Milliarden Kubikmeter Erdgas. 24% kommen aus Norwegen, 19% aus den Niederlanden, 6% aus Großbritannien, Dänemark und anderen Ländern. (6)

Die 15 deutschen Ferngasgesellschaften wie Eon Ruhrgas, Wingas, RWE, die ostdeutsche Verbundnetz Gas (VNG) und die Gasversorgung Süddeutschland (GVS) importieren das Gas und transportieren es über das Gasleitungsnetz ins Bundesgebiet. Die Regionalverteiler bringen das Erdgas in die Regionen und Städte. Dort übernehmen die Stadtwerke ihre Aufgabe und leiten über ihre Netze das Gas bis zum Verbrauchspunkt, also in Wohnungen, Häuser,

Unternehmen und Kraftwerke.

Ostsee-Pipeline soll uns mit russischem Erdgas versorgen

Weltweit wurden letztes Jahr 2,7 Billionen Kubikmeter Gas gefördert. Dies deckt etwa 24 Prozent des globalen Energieverbrauchs. Das Erdgas wird noch länger reichen als das Öl, schätzungsweise noch 160 Jahre. Die größten Erdgasvorkommen haben Russland, der Iran und Katar. (7)

Zu 90% gelangt das Erdgas über Pipelines nach Europa. Deutschland wird sogar ausschließlich über Pipelines versorgt. Vor kurzem wurde der Bau einer weiteren Pipeline besiegelt. Gerhard Schröder und Wladimir Putin haben die Verträge zum Bau einer Ostsee-Pipeline unterschrieben. Sie soll uns ab 2010 mit einer noch größeren Menge russischem Erdgas versorgen. Das Erdgas wird von der russischen Küste bei Wyborg durch die Ostsee bis voraussichtlich nach Greifswald in Mecklenburg-Vorpommern geführt werden. Mehr als 4 Milliarden Euro werden in die Ostsee "versenkt". An der Bau- und Betriebsgesellschaft "North European Gas Pipeline Company" wird die mehrheitlich staatseigene russische Gazprom 51% der Anteile halten. Die deutschen Chemie- und Energiekonzerne BASF und

Eon werden zu je 24,5% beteiligt sein. An den hohen Gaspreisen in Europa und in Deutschland wird jedoch auch diese neue russische Pipeline nichts ändern. Die Experten sind sich einig: die Gaspreise werden wohl weiter steigen. (1), (8), (9)

Flüssigerdgas in Deutschland noch nicht spruchreif

Flüssigerdgas (Liquefied Natural Gas LNG) spielt derzeit noch keine große Rolle, wird aber voraussichtlich weltweit an Bedeutung gewinnen. LNG wird nicht über Pipelines geliefert, sondern kommt per Schiff. In Großbritannien, Frankreich, Spanien und Italien wird bereits an der Erweiterung der LNG-Importkapazitäten gebaut. In Deutschland hat man in Wilhelmshaven zumindest mal einen Platz für einen Terminal reserviert. Der Transport in riesigen Tankern ist günstiger als der Bau von Pipelines. Ob sich das dann wohl auf die Erdgaspreise auswirkt und sie tatsächlich sinken? Die Hoffnung stirbt bekanntlich zuletzt. (10)

Erdgasautos im Kommen...

Nichtsdestotrotz: Erdgasautos sind im Kommen. Jährlich steigt ihre Zahl um rund 40%. Momentan sind in Deutschland rund 31 000 Erdgasautos unterwegs, so die aktuellen Angaben des Trägerkreises Erdgasfahrzeuge, einer Gemeinschaftsaktion der Gas-, Öl- und Autoindustrie, jetzt auf der Internationalen Automobilausstellung (IAA) in Frankfurt. An 660 Tankstellen in Deutschland kann Erdgas getankt werden, Tendenz steigend ein essentieller Faktor für alle monovalenten Fahrzeuge, die ausschließlich mit Erdgas fahren. Etwas lässiger können dies die Fahrer und Interessenten der bivalenten Fahrzeuge sehen: sie stellen ihr Fahrzeug auf Benzin um, wenn ihnen das Gas ausgegangen ist. Wer die Nase voll hat vom Öl, kann auch umrüsten. So zwischen 1 500 und 3 500 Euro muss der Kunde dafür allerdings schon hinblättern. Dafür fährt er dann energiesparend. Ein Kilogramm Erdgas entspricht einem Brennwert von 1,5 Liter Ottokraftstoff oder 1,9 Liter Diesel. Die Umwelt sagt danke: kein Ruß, kaum sonstige Schadstoffemissionen. Und wer sehr viel unterwegs ist, kommt vielleicht sogar in den Genuss des Steuervorteils, mit dem uns die jetzige Bundesregierung auf alle Fälle bis 2020 positiv in Erinnerung bleiben wird. (11), (12), (13)

...und Erdgasheizung im Trend

Immer mehr Menschen kehren dem Öl auch beim Heizen den Rücken. Nach Angaben des Bundesverbands der deutschen Gas- und Wasserwirtschaft stieg die Zahl der erdgasbeheizten Wohnungen im vergangenen Jahr um rund 300 000 Einheiten an. 17,8 Millionen Wohneinheiten werden inzwischen mit Erdgas beheizt, dies entspricht einem Marktanteil von 47,2%. Immer mehr Bundesbürger beschäftigen sich also mit den Vor- und Nachteilen von Niedertemperaturtechnik (NT-Technik) versus Brennwerttechnik und kehren dem Heizöl den Rücken. Dessen Anteil sank im vergangenen Jahr auf 31,3%. Fernwärme blieb bei 12,4%, Strom sank auf 5,7% und Kohle auf 3,4%. Damit ist Erdgas inzwischen die Wunschenergie Nr. 1. (14), (5)

Fallbeispiele

- Eon Hanse

Vor der 11. Zivilkammer des Hamburger Landgerichts

wird derzeit die Sammelklage von 54 Eon-Kunden gegen die Preiserhöhungen von Eon Hanse vom 1. Oktober 2004 sowie vom 1. Februar und 1. August 2005 verhandelt. Das Unternehmen hatte die Preise von über 500 000 Kunden in Hamburg, Schleswig-Holstein und Mecklenburg-Vorpommern in drei Schritten um etwa 25% erhöht. Die Vorsitzende Richterin sieht die Beweislast dafür, dass die Preiserhöhungen angemessen sind, bei dem Versorger Eon Hanse. Sie hat Eon Hanse aufgefordert darzulegen, dass die Bezugspreiserhöhung nicht von der Gewinnspanne aufgefangen werden konnte. Die Erhöhung müsse Billigkeitsmaßstäben genügen und dürfe die Grenze der Zumutbarkeit nicht überschreiten. Eon Hanse hat jetzt sechs Wochen Zeit, sich eine Erklärung auszudenken. Am 8. Dezember wird entweder ein Urteil verkündet oder weiter verhandelt. (15), (16)

- Tauna Gas

Tauna Gas wollte im Januar diesen Jahres seinen Kunden 14% mehr abknöpfen. Damit wäre die Tauna Gas der teuerste aller 43 Gasversorger in Hessen geworden. Auf Betreiben des Oberurseler Magistrats und des Bürgermeisters nahm der Aufsichtsrat von Tauna Gas dann aber die Erhöhung ein Stück weit zurück und forderte nur 9% mehr. (17)

- Gasag Berlin

Ebenfalls mit dem Verweis auf den gestiegenen Ölpreis und die Erdgas-Ölpreis-Bindung erhöht die Berliner Gasag zum 1. Oktober zum zweiten Mal innerhalb von zehn Monaten ihre Preise. Um 11,8% sollen die rund 700 000 betroffenen Berliner mehr bezahlen. Durchschnittlich 10 Euro muss der Gaskunde dann pro Monat mehr löhnen. Eine weitere Erhöhung zum Beginn des neuen Jahres schließt das Unternehmen nicht aus. Viele wütende Kunden haben sich nun ebenfalls an die Verbraucherschutzzentrale gewendet. Diese prüft die Möglichkeit einer Sammelklage, um die Erhöhung aufzuhalten. Sollte dies nicht gelingen, bleibt dem Berliner nur eins: hoffentlich wirds kein allzu kalter Winter! (18)

Zahlen & Fakten

Erdgas Wunschenergie Nr. 1

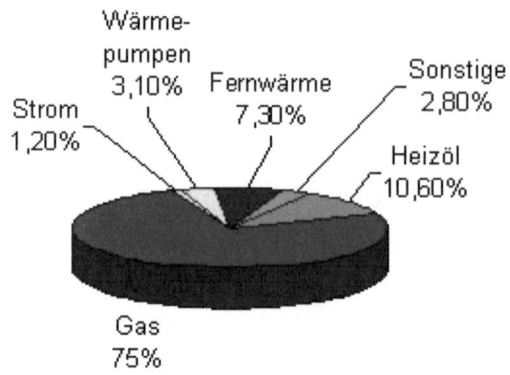

75% der zum Bau genehmigten Wohnungen werden laut einer Prognose des Bundesverbandes der deutschen Gas- und Wasserwirtschaft (BGW) im Jahr 2004 mit Erdgas beheizt

Quelle: Bundesverband der deutschen Gas- und Wasserwirtschaft (BGW)

Entnommen aus: BGW, www.bgw.de

Primärenergieverbrauch 2004

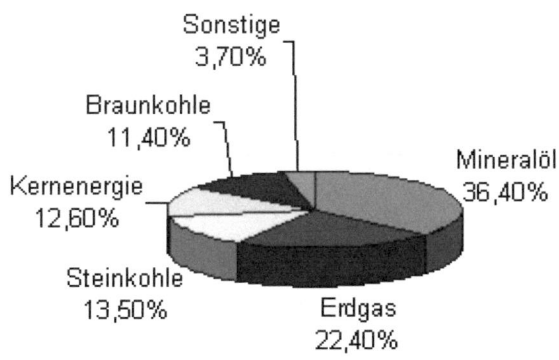

Quelle: Arbeitsgemeinschaft Energiebilanzen

Entnommen aus: BGW, www.bgw.de

Weiterführende Literatur

(1) ROHSTOFFE Land ohne Energie
aus FOCUS, 12.09.2005; Ausgabe:37; Seite:198-202

(2) Kartellamt stellt Gasversorgern Ultimatum
Wettbewerbshüter wollen langfristige Lieferverträge verbieten - Gasbranche warnt vor Versorgungsrisiko
aus DIE WELT, 14.09.2005, Nr. 215, S. 11

(3) Was fehlt, ist eine Gasbörse

aus Stuttgarter Zeitung, 10.09.2005, S. 12

(4) "Wir verdienen nicht an höheren Gaspreisen"
E.on-Ruhrgas-Chef Bergmann warnt vor Eingriffen des Bundeskartellamts und verteidigt die Ölpreisbindung
aus DIE WELT, 12.09.2005, Nr. 213, S. 14

(5) Bundesverband der deutschen Gas- und Wasserwirtschaft, www.bgw.de, Energiepolitik/Marktdaten Erdgas/Erdgasfakten im Überblick/Erdgas-Wunschenergie Nr. 1, 2005
aus DIE WELT, 12.09.2005, Nr. 213, S. 14

(6) Gasverbrauch steigt
aus Stuttgarter Zeitung, 10.09.2005, S. 12

(7) Aktuelles Lexikon
aus Süddeutsche Zeitung, 08.09.2005, Ausgabe Deutschland, S. 2

(8) Putin und Schröder begrüßen Ostsee-Pipeline
aus Frankfurter Allgemeine Zeitung, 09.09.2005, Nr. 210, S. 1

(9) Bau einer Gaspipeline durch die Ostsee
Abkommen mit Putin und Schröder in Berlin
aus Neue Zürcher Zeitung, 09.09.2005, Nr. 210, S. 21

(10) Zauberwort der Zukunft
aus www.powernews.org Meldung vom 19.08.2005 - 15:59

(11) Die Suche nach dem Kraftstoff der Zukunft
aus Frankfurter Allgemeine Zeitung, 16.09.2005, Nr. 216, S. A6

(12) Teurer Sprit? Auswege gibt es bereits
aus Stuttgarter Zeitung, 16.09.2005, S. 39

(13) Eine ernst zu nehmende Alternative
ERDGASANTRIEB
aus Bonner General-Anzeiger, 10.09.2005, S. 92

(14) Verjüngungskur für die Heizung
aus Süddeutsche Zeitung, 16.09.2005, Ausgabe Deutschland, S. 39

(15) Justiz erwägt Blick in Eons Preiskalkulation
Prozessauftakt um Höhe von Gasrechnungen in Hamburg alarmiert die Versorger · Langer Rechtsstreit steht bevor
aus Financial Times Deutschland vom 16.09.2005, Seite 8

(16) Gasverbraucher erringen Etappensieg
aus Süddeutsche Zeitung, 16.09.2005, Ausgabe Deutschland, S. 21

(17) Starker Anstieg beim Gaspreis
aus Taunus-Zeitung vom 16.09.2005, S. 19

(18) Gasag lässt Berliner zittern Der Gasversorger mit Monopolstellung erhöht die Preise zum zweiten Mal in zehn Monaten. Der Aufschlag von bis zu 11,8 Prozent trifft 700.000 Kunden. Verbraucherschützer

prüfen Sammelklage
aus taz Berlin lokal, 16.09.2005, S. 25

Impressum

Erdgas und Ölpreis - Zwei wie Pech und Schwefel

Bibliografische Information der deutschen Nationalbibliothek

Die Deutsche Nationalbibliothek verzeichnet diese Publikation in der deutschen Nationalbibliografie; detaillierte bibliografische Daten sind im Internet über http://dnb.d-nb.de abrufbar.

ISBN: 978-3-7379-2320-0

© 2015 GBI-Genios Deutsche Wirtschaftsdatenbank GmbH, Freischützstraße 96, 81927 München, www.genios.de

Alle Rechte vorbehalten. Dieses Werk ist einschließlich aller seiner Teile – z.B. Texte, Tabellen und Grafiken - urheberrechtlich geschützt. Jede Verwertung außerhalb der Grenzen des Urheberrechtsgesetzes bedarf der vorherigen Zustimmung des Verlags. Dies gilt insbesondere auch für auszugsweise Nachdrucke, fotomechanische Vervielfältigungen (Fotokopie/Mikroskopie), Übersetzungen, Auswertungen durch Datenbanken oder ähnliche Einrichtungen und die Einspeicherung und Verarbeitung in elektronischen Systemen.